AF322303

RAPPORT

SUR LA

PROSTITUTION

PAR

M. DE GOULHOT DE SAINT-GERMAIN

SÉNATEUR

SUIVI DU

DISCOURS DE M. LE PROCUREUR GÉNÉRAL DUPIN

SUR LE

LUXE EFFRÉNÉ DES FEMMES

Sénat. — Séance du Jeudi 22 Juin 1865

PARIS

E. DENTU, LIBRAIRE-ÉDITEUR

PALAIS-ROYAL, 17 ET 19, GALERIE D'ORLÉANS

1865

RAPPORT

SUR LA

PROSTITUTION

PARIS

IMPRIMERIE BALITOUT, QUESTROY ET Ce,

3, rue Neuve-des-Bons-Enfants.

RAPPORT

SUR LA

PROSTITUTION

PAR

M. DE GOULHOT DE SAINT-GERMAIN

SÉNATEUR

SUIVI DU

DISCOURS DE M. LE PROCUREUR GÉNÉRAL DUPIN

SUR LE

LUXE EFFRÉNÉ DES FEMMES

Sénat. — Séance du Jeudi 22 Juin 1865

PARIS

E. DENTU, LIBRAIRE-ÉDITEUR

PALAIS-ROYAL, 17 ET 19, GALERIE D'ORLÉANS.

1865

RAPPORT

SUR LA

PROSTITUTION

Messieurs les Sénateurs,

Le sieur Jules Meugy, docteur-médecin, à Rethel, département des Ardennes, adresse au Sénat une pétition ayant pour objet l'extinction de la prostitution.

Cette pétition est divisée en cinq chapitres distincts, qui traitent à savoir :

Des considérations générales sur la prostitution ;

Des prostituées ;

Des effets de la prostitution ;

Des remèdes à y apporter ;

Et des avantages, comme de l'urgence de son extinction.

Avant de nous livrer à l'examen de cette pétition, et des considérations spéciales sur lesquelles elle repose, nous croyons devoir rendre hommage au sentiment honorable qui l'a inspirée, et nous associer à la pensée de

bien public, dont son auteur poursuit ici la réalisation.
— Empreinte d'un sentiment qui prend sa source dans les considérations les plus élevées de l'ordre social, de la religion et de l'amour de l'humanité, cette œuvre se recommande à notre attention, et par l'importance de son objet, et par la forme savante et consciencieuse dans laquelle elle est formulée.

La nature des questions que soulève la pétition nous imposera forcément une réserve qui, si elle nuit dans une certaine mesure, à l'étude des problèmes que nous avons à examiner, aura du moins pour effet de rendre possible, au point de vue de la publicité, la discussion d'un sujet dont les détails, s'ils étaient divulgués, offenseraient au plus haut degré l'honnêteté publique.

Nous nous efforcerons donc d'élever l'examen de ces questions à la hauteur d'un intérêt général, afin d'en écarter ainsi ce qu'il pourrait offrir de honteux et de dégradant, au point de vue des mœurs et de l'humanité.

La prostitution a de tout temps préoccupé les pouvoirs publics. — La religion, la morale, l'ordre social, l'humanité, souffrent également de ce fléau. — Tous les gouvernements réguliers ont cherché à lui opposer une digue efficace. — Comment se fait-il qu'ils n'y soient pas parvenus? — Comment, avec les moyens matériels et moraux dont ils disposent, n'ont-ils pu étouffer ce foyer incessant de corruption et de démoralisation? — Comment ont-ils été amenés, non-seulement à tolérer, mais à *réglementer* ce commerce infâme qui est à la fois la honte de l'humanité et l'abjection d'un sexe? — Comment, enfin, après avoir supprimé la loterie, les maisons publiques de jeu, la mendicité dans la plupart des départements, réprimé le vagabondage, le Gouvernement qui, en agissant ainsi, voulait faire prévaloir les principes d'ordre public, de moralité et de civilisation, ferme-t-il les yeux sur l'institution la plus honteuse et la plus dangereuse à la fois?

A ces questions, l'expérience répond que la prostitution, la pire assurément de toutes les calamités sociales, est un mal complexe que l'on ne saurait assimiler à aucun autre, et que l'on ne peut extirper par des mesures administratives, quelque prudentes et sévères qu'elles soient, sans s'exposer à provoquer une réaction plus dangereuse peut-être que les conséquences qu'il entraîne.

Produit de la misère, des passions, des désordres physiques et moraux, la prostitution est engendrée par des causes fatales qui pèsent sur l'humanité et vivront autant qu'elle.

Pour l'éteindre, il faudrait remonter à ces causes, et leur opposer les remèdes qui, seuls, seraient assez puissants pour les étouffer à leur source ; à savoir : la religion, la morale, l'éducation, le travail, le respect humain. — Mais est-il bien permis d'espérer que ces biens précieux deviennent jamais le partage de l'humanité tout entière et le guide des actions des hommes? — Le mal, qui est à côté du bien, et qui, dans l'ordre spirituel, doit coexister, pour la juste distribution des récompenses et des châtiments, pourrait-il disparaître, dans ce qu'il a peut-être de plus impérieux et de plus fatal ici-bas? — Engendré par l'instinct, qui fait de l'union des sexes la première des lois naturelles, entretenu par le commerce habituel des personnes, dominé par des passions, parfois irrésistibles, ce fléau, en raison des conditions exceptionnelles qui le caractérisent, n'est-il pas de ceux que la sagesse du législateur et les sévérités de la loi sont impuissantes à conjurer?

Tous les gouvernements ont été amenés à en juger ainsi ; mais tous ont également pensé que, si ce fléau est indestructible par sa nature, leur devoir comme leur droit est d'en combattre l'influence, d'en limiter les ravages, de le restreindre aux proportions qu'indique la prudence, et, surtout, de ne pas le laisser se propager publiquement, au détriment des mœurs et à la honte de l'humanité.

Sous ces divers rapports, des améliorations notables ont été réalisées et ont fait disparaître, en partie, les scandales qui offensaient la pudeur publique et constituaient une excitation perpétuelle à la débauche.

A ce dernier point de vue, nous estimons qu'il est encore des améliorations possibles et désirables, que nous signalerons plus loin à la sollicitude du Gouvernement, convaincu de son désir le plus sincère d'en assurer la réalisation.

Envisagée dans son ensemble, la prostitution se présente sous deux caractères différents.

L'un consiste dans la *tolérance* de l'autorité ; l'autre, dans la *clandestinité*.

Au premier aspect, l'on a peine à concevoir que l'autorité, dont le premier devoir est de protéger les mœurs, tolère un commerce qui révolte tous les sentiments honnêtes, et le soumette à des règlements spéciaux qui en déterminent les conditions ; mais, en y réfléchissant, on tarde pas à se convaincre que si les gouvernements ont cru devoir, à toutes les époques, en agir ainsi, c'est qu'ils ont reconnu qu'à côté des dangers inhérents à ce fléau se trouvaient des périls d'un autre ordre, plus redoutables encore que ces dangers pour le corps social tout entier, et dont il fallait avant tout le préserver, en renfermant le mal dans des limites déterminées.

Telle a été, dans tous les temps, la pensée des gouvernements, pensée de prévoyance, de sagesse, de moralité publique, qui a pour but de garantir la sécurité et le repos des sociétés, en cédant, dans une certaine mesure, aux passions les plus déréglées et, parfois, les plus irrésistibles de l'humanité. Dans cet ordre d'idées, que le temps et l'expérience ont consacré, les gouvernements se sont constamment efforcés de concilier les fatales exigences de ce fléau avec les lois de la morale et de l'ordre public, et ont ainsi, peu à peu, diminué les dangers et les scandales dont il était la manifestation la plus honteuse.

La pensée d'éteindre la prostitution n'est pas nouvelle. Elle a, maintes fois, préoccupé les meilleurs esprits; mais plus ils ont approfondi ce vaste sujet, et plus ils ont reconnu l'impossibilité de cette entreprise.

Le fait en lui-même, au premier aspect, semble réalisable.— Il suffirait, pour la *prostitution tolérée,* de retirer, comme le demande le pétitionnaire, l'autorisation en vertu de laquelle les établissements de cette catégorie fonctionnent. Mais, en fermant ces établissements, pourrait-on espérer de mettre un terme aux désordres qu'ils abritent? Les passions, nées de la corruption, de la misère, de la démoralisation et de la nature elle-même, seraient-elles réprimées ou contenues? Dans les grands centres de population, où fermentent tant d'instincts pervers, ne s'exposerait-on pas témérairement à des entreprises criminelles qui mettraient en péril l'honneur des familles et la sécurité de la société tout entière?

Les moralistes et les hommes d'Etat, qui ont cherché à résoudre ce grand problème, ont été amené à reconnaître que, si la prostitution est un mal inhérent à l'humanité, elle doit, par cela même, être l'objet incessant de la sollicitude et de la vigilance de l'autorité, en vue d'en atténuer les dangers.

Le devoir de l'autorité est donc de prendre toutes les mesures nécessaires pour réduire ce fléau aux plus strictes proportions, et, surtout, pour empêcher toute manifestation de nature à produire un scandale public.

Il est à remarquer, et l'expérience ici le démontre, que, toutes les fois que la prostitution *tolérée* a diminué soit pour une cause ou pour une autre, la prostitution *clandestine* s'est accrue, et qu'ainsi un rapport, qui est l'expression exacte de ces deux maux, s'est instantanément formée entre eux, et a réagi fatalement par la seule force des choses. Cette remarque prouve donc que la prostitution, quelle qu'en soit la forme, est un mal indestructible qui, comprimé d'un côté, prend son essor de l'autre, et gagne en clandestinité ce qu'il perd en surveillance.

En cet état de choses, que l'expérience et l'observation la plus attentive ont établi, quel doit être le rôle de l'autorité ?

Elle se trouve en présence de deux maux, engendrés par le même principe, et qui, tous deux, tendent au même but.

Reconnaissant l'impossibilité de les extirper tous les deux, ce que voudraient la religion, la morale et l'intérêt public, elle se voit réduite à en atténuer les effets les plus désastreux, à en combattre la propagation, à en dissimuler la honte, et à en écarter, le plus possible, les dangers qui seraient de nature à compromettre la santé publique. En un mot, elle est fatalement condamnée à subir ces deux fléaux, et à adopter, dès lors, un système de surveillance, qui, bien qu'il révolte en apparence les mœurs et tous les sentiments honnêtes, constitue, aux yeux de l'homme d'État et du moraliste, une organisation prudente, sage, prévoyante, que commandent à la fois l'ordre public et l'intérêt de la société.

Les détails, dans lesquels il serait nécessaire d'entrer pour exposer les dangers spéciaux des deux genres de prostitution, ne sauraient trouver place dans ce rapport. Nous nous bornerons donc à présenter quelques considérations générales, tirées de la nature de ces deux maux, et de l'influence qu'ils exercent sur le corps social, au point de vue des mœurs et de l'ordre public.

A l'égard de la prostitution *tolérée,* il faut reconnaître qu'elle ne s'applique, en général, qu'aux passions les plus déréglées, aux vices les plus honteux; qu'elle est à la fois le domaine de l'inexpérience et de la perversité; que la honte la flétrit; que les ténèbres l'enveloppent, et qu'elle ne s'exerce que dans certaines conditions que l'autorité détermine, dans le double intérêt de l'ordre et de la santé publique. Ainsi organisé, ce genre de prostitution est une part jetée aux instincts de la brutalité et aux dérèglements des vices. C'est une concession faite par la société à un désordre irrésistible, en vue du maintien de l'ordre général; c'est, en un mot, un moyen d'exercer sur la santé publique un contrôle et une surveillance sans lesquels elle serait livrée aux plus grands dangers.

Tels sont, en peu de mots, les caractères principaux de la prostitution *tolérée* et les motifs qui imposent au Gouvernement le devoir de les soumettre à une réglementation régulière.

Quant à la prostitution *clandestine,* elle s'exerce dans des conditions différentes. Ne relevant que d'elle-même, et empruntant une certaine apparence de manières, d'élégance, et parfois de distinction, elle s'infiltre d'autant plus qu'elle ne heurte pas aussi vivement que la première les sentiments délicats qui se trouvent toujours dans le cœur de l'homme, et ne répand pas autour d'elle une honte aussi marquée. Son ignominie est la même; mais une sorte de prestige dissimule, en partie sa honte, et la classe dès lors au-dessus de la prostitution ordinaire. Est-ce à dire, pour cela, que les désordres physiques et moraux qu'elle engendre sont moins préjudiciables aux mœurs et à la santé publique, et que les dehors de galanterie qu'elle emprunte la rendent moins méprisable et moins dangereuse? L'expérience est là pour établir le contraire, et pour démontrer que ce genre de prostitution est peut-être le pire de tous, en ce qu'il corrompt à la fois l'esprit et le corps, pervertit la jeunesse, entraîne sa ruine et sa honte, ouvre à l'âge mûr des écueils où s'engloutissent le plus souvent son honneur et ses devoirs, et fait tomber parfois la vieillesse dans les désordres les plus honteux. C'est ainsi que ce genre de prostitution met en péril tous les âges, toutes les conditions, et est d'autant plus à redouter, qu'indépendamment des malheurs de tout genre qu'il entraîne il échappe aux mesures de surveillance que, dans sa prévoyante sollicitude, l'autorité exerce dans l'intérêt de la santé publique. Moins méprisable en apparence que la prostitution tolérée, il est en réalité plus redoutable, et ce serait se faire une étrange illusion que de ne pas le juger ainsi.

Pour être dans le vrai, il faut donc fatalement reconnaître que, quoi que puisse faire l'autorité, il existera toujours les deux genres de prostitution dont nous venons de parler : que ces deux maux, engendrés par des situations différentes, ne sauraient entièrement disparaître, de même qu'on ne peut espérer d'extirper toutes les perversités et tous les mauvais penchants qui sont inhérents à la nature humaine.

Il n'est peut-être pas superflu, dans une question qui se présente pour la première fois aux méditations du Sénat, de lui rappeler succinctement les mesures d'ordre et de police auxquels les gouvernements ont cru devoir recourir, *dans le passé*, pour combattre le fléau de la prostitution, et de lui exposer à la fois *l'état présent* de ce fléau. Cet exposé est, aux yeux de votre commission, l'enseignement le plus puissant et le plus sûr qu'elle puisse invoquer, pour asseoir son opinion dans une question de cette nature.

A l'instar des empereurs Constantin, Théodose et Justinien, nos premiers rois rendirent des arrêts sévères pour interdire et punir la prostitution publique. *Les Capitulaires* de Charlemagne sont le premier monument qui apparaisse pour infliger des peines aux personnes qui l'exercent. Ces peines sont applicables aux individus qui leur donnent asile, suivant une ordonnance de ce prince datée de l'an 800.

Quatre siècles plus tard, à son retour de la Terre-Sainte, saint Louis rend, au mois de décembre 1254, une ordonnance par laquelle il expulse des villes et de la campagne les femmes qui se livrent à la prostitution. Deux ans après, il publie une nouvelle ordonnance, plus sévère que la première, et enfin, en 1269, il renouvelle et confirme les défenses précédentes, en y ajoutant des pénalités plus rigoureuses.

En présence de ces mesures, et nonobstant leur sévérité, la prostitution continue à s'exercer. Toutefois, elle change de caractère. — De publique qu'elle était, elle devient clandestine. Elle prend le masque d'un commerce de galanterie, qui jette la confusion parmi les femmes de toutes conditions. Pour obvier à ce danger, dont les conséquences échappent au contrôle de l'autorité, saint Louis croit devoir autoriser les prostituées à rentrer dans les villes, sous la condition qu'elles résideront dans des quartiers spéciaux et entièrement séparés des autres habitations. *Cette autorisation* de saint Louis est le *premier acte de tolérance* émané de l'autorité, et de quelle autorité? de ce Roi célèbre par ses vertus, sa sagesse, sa prudence, de ce prince enfin que l'Église a placé parmi les saints. Pour que ce Roi si pieux se résignât à un tel sacrifice, il fallait donc qu'il en reconnût la nécessité absolue et fût convaincu qu'il importait, au plus haut degré, à l'ordre intérieur et à la moralité publique.

La prostitution continuant à exercer ses ravages, intervient, en 1347, une ordonnance royale qui, indépendamment des cantonnements qui lui sont assignés, impose aux femmes qui s'y adonnent l'obligation de porter publiquement une marque distinctive. Cette ordonnance se trouve corroborée par celle rendue par le prévôt de Paris, le 18 septembre 1367, qui non-seulement détermine les *seules rues* où pourront résider toutes les prostituées de la ville, mais encore interdit, sous des peines corporelles, à tout propriétaire de leur louer des logements autres que ceux situés dans les rues désignées. A ces dispositions viennent s'ajouter celles de l'ordonnance de police du 17 mars 1374, portant que les prostituées doivent être rentrées, dès six heures du soir, dans les quartiers qui leur sont assignés.

Le cadre de ce rapport ne nous permettant pas de rappeler toutes les mesures adoptées par l'autorité pour restreindre et punir les abus de la prostitution, nous nous bornerons à mentionner que, pendant trois siècles, *la tolérance, reconnue nécessaire par saint Louis,* fut observée, et que l'autorité dut dès lors se contenter de réprimer les désordres et les scandales ayant un caractère public.

En 1493, à l'apparition d'un fléau qui menaçait d'envahir l'ancien monde, et que tendaient à propager les désordres du temps, des mesures nouvelles devinrent nécessaires. Le Parlement de Paris s'en émut et publia, le 6 mars 1496, un règlement contenant les dispositions les plus sévères, et que confirma, en les développant, une ordonnance du prévôt de Paris en date du 25 juin 1498.

En 1560 et 1565, des prescriptions analogues furent publiées, et cet état de choses continua à subsister jusqu'à la fin du XVIIIᵉ siècle, époque à laquelle parut la célèbre ordonnance rendue, le 16 novembre 1778, par le lieutenant de police, Lenoir, ordonnance qui, nonobstant sa sévérité, n'améliora pas l'état des mœurs et ne mit point un terme aux scandales publics.

A partir de 1791, tous les anciens règlements ayant été abolis, la prostitution cessa d'être l'objet de pénalités spéciales. Elle ne se trouva plus qu'implicitement comprise dans les dispositions du titre II de la loi du 22 juillet 1792, concernant la police correctionnelle, et cet état de choses ne se modifia, en ce qui touche aux mesures administratives, qu'en l'an VIII, époque à laquelle fut créée la préfecture de police. A cette dernière époque, la plupart des magistrats spécialement chargés du service des mœurs signalèrent l'insuffisance de la législation en vigueur et réclamèrent comme un bienfait une loi sur la matière. En 1811, M. Pasquier ; en 1816, M. le comte Anglès, préfets de police, insistèrent vivement pour signaler la nécessité de cette loi et démontrer l'insuffisance de l'article 484 du Code pénal, que certains légistes croient devoir présenter comme donnant à l'autorité tous les moyens nécessaires pour prévenir et réprimer efficacement les abus de la prostitution. Cette dernière opinion ayant prévalu auprès du ministre de la police générale, l'idée d'une loi spéciale fut définitivement écartée.

Après avoir indiqué les antécédents principaux de cette question, et rappelé les diverses mesures, prises par le pouvoir pour combattre le fléau de la prostitution, il nous reste à faire connaître au Sénat l'opinion de sa commission sur le grand problème soumis en ce moment à son examen, et à préciser les modifications qui lui semblent devoir être utilement apportées aux règlements en vigueur.

Pour traduire, en termes pratiques, les considérations générales que nous venons d'exposer, nous dirons que le fléau de la prostitution ne pouvant, dans l'opinion de votre commission, être entièrement extirpé, le devoir du Gouvernement consiste, dès lors, à le renfermer dans les plus étroites limites, et à le refouler dans les plus bas-fonds de la société, afin d'ajouter encore, s'il se peut, à sa honte et à son ignominie.

Du moment que l'ordre public et la sûreté générale imposent au Gouvernement la fatale nécessité d'autoriser des maisons de débauche, il lui incombe, par cela même, de prescrire des mesures spéciales, sévères, et notamment de ne pas permettre l'établissement de ces maisons dans les quartiers où règnent les habitudes élégantes et les goûts délicats. En les éloignant de ces centres de population, et les reportant dans des quartiers isolés, ce serait à la fois diminuer l'excitation et le scandale que cause leur présence au sein de la popula-

tion la plus civilisée, et leur imprimer une honte encore
plus marquée, sans pour cela livrer imprudemment la
société aux périls que pourrait lui occasionner *la sup-*
pression totale de ces maisons.

D'un autre côté, et dans le même ordre d'idées, toute
manifestation ayant pour but de provoquer à la débauche *sur la voie publique* nous semblerait devoir être
dorénavant interdite et rigoureusement réprimée sur
quelque point que ce fût. Du moment que l'autorité est
fatalement contrainte à tolérer et à autoriser les maisons
dont nous venons de parler, rien ne peut expliquer et
justifier la circulation des femmes de débauche sur la
voie publique. Si, par prudence, le Gouvernement con-
sent à faire une concession à un mal indestructible, il
ne peut ni ne doit en favoriser les ravages, en tolérant
des manifestations publiques de cette nature.

En ce qui touche à la prostitution clandestine, et bien
que, par sa nature, elle échappe, dans la plupart des
cas, au contrôle de l'autorité, il nous semblerait toutefois dangereux de fermer les yeux sur cette plaie so-
ciale. Ici, une distinction essentielle nous paraît devoir
être faite. Si, en dehors des femmes isolées et enregis-
trées, ce genre particulier de prostitution vient à se ré-
véler par des actes ostensibles; s'il porte le caractère de
ce commerce infâme que dénotent ses habitudes jour-
nalières; s'il constitue enfin, dans une mesure quelcon-
que, une excitation à la débauche, nul doute, à notre
avis, qu'il ne doive être soumis au contrôle et à la sur-

veillance de l'autorité, dont le droit et le devoir sont de
m intenir l'ordre et de faire respecter les mœurs. Dans
ce dernier cas, l'autorité ne saurait, selon nous, se dis-
penser de recenser et de surveiller les personnes de cette
 atégorie, attendu que leurs actes, bien qu'isolés et
 accomplissant d'une manière occulte, offrent tous les
dangers de la prostitution ordinaire, et tombent dès-
lors dans le domaine de l'administration. Il y a peut-
être, sous ce rapport, une lacune qu'il conviendrait de
combler, et nous pensons dès-lors devoir appeler sur
elle la vigilante sollicitude du Gouvernement.

Toutefois, ce genre de prostitution clandestine n'est
pas le seul. Il en est un autre aussi considérable aujour-
d'hui qui, s'il n'est tempéré par les exemples et entravé
par le respect humain, tend à se généraliser et à exercer
les plus funestes ravages. Ce dernier ne saurait, à pro-
prement parler, être rangé dans la classe de la prostitution.

Les actes qui le caractérisent, bien qu'aussi répréhen-
sibles au point de vue des mœurs, ne sont pas toutefois
entachés de cette vulgarité qui marque d'un sceau particulier d'infamie la prostitution ordinaire. C'est plutôt un
commerce de galanterie que de la prostitution. Ce commerce a existé à toutes les époques, et le règne des courtisanes se lie en quelque sorte à l'histoire ; mais ce qui
distingue particulièrement sous ce rapport le temps présent, c'est la multiplicité infinie des femmes qui s'adonnent à ce genre de vie ; c'est l'envahissement impudique

qu'elles font des lieux les plus fréquentés. Une courtisane célèbre pouvait autrefois éblouir la foule et occupèr l'opinion ; mais elle était une exception que couvraient, dans une certaine mesure, l'éclat du nom ou les prodigalités de ceux qui la fréquentaient. Le scandale était le même ; mais, à la hauteur où il était placé, il était plutôt un spectacle pour la multitude qu'un enseignement pour chacun. C'est le contraire qui se produit aujourd'hui.

Le nombre sans cesse croissant de femmes galantes et vulgaires, qui affluent dans les promenades et les théâtres, non seulement cause un scandale public permanent, mais encore constitue une excitation perpétuelle à la débauche. C'est la démoralisation mise au grand jour et effrontément étalée aux yeux de la société : spectacle d'autant plus fâcheux qu'il détruit le respect humain, et altère, dans toutes les conditions et pour tous les âges, le culte des sentiments honnêtes et délicats.

Pour cette catégorie de personnes, que l'on ne pourrait, sans exagération, assimiler aux prostituées, il ne saurait y avoir de prescriptions spéciales. Ici, le régime de la loi est inapplicable, et celui des mœurs commence. Du moment qu'une situation, toute fâcheuse qu'elle est, n'offense pas publiquement la morale et ne trouble point l'ordre, elle ne saurait être atteinte par les sévérités de la loi. Elle ne relève plus que des mœurs, et ne peut être corrigée que par les exemples. C'est dans ce cas, aux classes élevées qu'il appartient spécialement de prendre une salutaire initiative, notamment en détournant les regards de ces manifestations extérieures, auxquelles elles donnent, involontairement, une célébrité et un éclat d'autant plus grands qu'elles en font l'objet incessant de leurs préoccupations et même de leur imitation. Il y a là un danger réel qui tend à envahir le corps social tout entier, et qui, en altérant les manières élégantes et le langage épuré de la bonne compagnie, abaisse, dans une certaine mesure, le niveau général des mœurs publiques. « Les lois, dit Montesquieu, ne sont efficaces que lorsqu'elles sont en rapport avec les mœurs. Avant d'édicter certaines lois, il faut donc s'occuper de corriger les mœurs par l'éducation, par les manières, par les exemples, et pour atteindre ce but la réunion de toutes les forces sociales est indispensable. »

Encore bien que le Gouvernement fasse les plus louables efforts pour obvier aux dangers principaux de la prostitution, votre commission estime qu'il y aurait lieu, pour lui, d'examiner s'il ne serait pas possible d'en diminuer l'intensité par l'adoption des mesures d'ordre et de police que nous avons signalées dans ce rapport, et sur lesquelles nous croyons dès lors devoir appeler avec confiance la sollicitude et les lumières de l'administration.

Les développements qui précèdent — nous semblent donc donner en partie satisfaction aux vœux exprimés par le pétitionnaire.—Les sentiments d'horreur et de mépris que lui inspire la prostitution, votre commission les res-

sent plus vivement encore, s'il est possible ; mais elle a
le regret de différer d'opinion avec lui sur les moyens à
employer pour combattre et diminuer ce fléau. — Aux
yeux de votre commission, ce serait s'abuser que de croire
que la fermeture des maisons de débauche arrêterait ses
ravages et mettrait fin aux maux qu'il répand. — Cette
mesure n'aurait d'autre effet que de déplacer le foyer du
mal et ne l'éteindrait pas. — Et les ravages clandestins
qui en résulteraient seraient peut-être plus à redouter
pour la société que ceux qu'elle ressent sous le contrôle
vigilant de l'autorité. — Cette opinion a de tout temps
prévalu, non-seulement auprès des gouvernements, mais
encore auprès des moralistes et des hommes d'expérience et de bien qui se sont occupés du grand problème
de l'extinction de la prostitution. — Parent du Châtelet,
dans son traité célèbre sur la prostitution dans la ville
de Paris, partage cette opinion et l'appuie des plus
hautes considérations tirées de la morale, de l'intérêt
public et de l'avenir des générations.

En ce qui touche à la défense qui, suivant le pétitionnaire, devrait être faite aux propriétaires de louer
des locaux à des personnes de mœurs suspectes, cette
défense existe déjà. — Elle dérive, d'une part, du devoir qui incombe à tout propriétaire de ne point tolérer
dans sa maison des actes entachés d''mmoralité et de
nature à occasionner un scandale, et, d'autre part, des
dispositions spéciales des ordonnances du 1er mars 1768
et du 6 novembre 1778, ordonnances restées en vigueur

et récemment appliquées par les arrêts de la Cour d'appel de Paris, en date des 3 janvier 1835, 18 février 1846 et 3 avril suivant.

En tenant la main à l'observation rigoureuse de ces ordonnances, l'autorité ne saurait aller au-delà, sans franchir la limite de ses attributions, et s'exposer à troubler l'exercice régulier du droit de propriété. Imposer aux propriétaires l'obligation de s'enquérir de la régularité des mœurs des locataires, alors que ceux-ci ne causent *ni trouble ni scandale,* ne serait-ce pas leur prescrire des mesures inquisitoriales dans la vie privée, et porter ainsi une profonde atteinte aux principes de liberté et d'inviolabilité qui protégent indistictement tous les citoyens ?

Aux deux mesures proposées par le pétitionnaire, à savoir : la fermeture complète des maisons de débauche et la défense faite aux propriétaires de louer des locaux à des personnes de mœurs suspectes, mesures qui résument toute l'économie de sa proposition, votre commission estime qu'il y aurait avantage à substituer les modifications indiquées plus haut, modifications qui, en diminuant le fléau de la prostitution, concilieraient dans de sages limites les principes de la morale et de l'ordre public et les effets d'un mal indestructible.

Par les considérations qui précèdent, votre commission a l'honneur de vous proposer le renvoi de la pétition n° 186 à M. le Ministre de l'intérieur.

Une pétition inscrite sous le n° 417, et présentée par le sieur Hardouin, avocat près la Cour impériale de Paris, appelle l'attention du Sénat sur le même objet. Nous avons l'honneur de proposer également au Sénat le renvoi de cette pétition à M. le Ministre de l'intérieur.

DISCOURS

DE

M. LE PROCUREUR GÉNÉRAL DUPIN

Messieurs les Sénateurs,

Le Sénat Romain avait aussi ses comités secrets·
Chacun se rappelle l'émoi que causa parmi les dames
romaines certain comité secret sur lequel on interrogea
Caton. Il ne se tira d'embarras qu'en leur disant : « Le
» Sénat a délibéré sur la question de savoir si les maris
» auraient plusieurs femmes ou les femmes plusieurs
» maris. » (Rires) C'était une plaisanterie qui n'eut au-
cune conséquence dans la Cité. Je ne crois pas qu'on
s'émeuve beaucoup du secret ordonné sur la question
de prostitution : cependant chacun se dira peut-être
que si le Sénat, qui est déjà privé de tribunes publiques, a ordonné un comité secret en matière de prosti-

lution, c'est sans doute qu'il s'est produit des faits bien extraordinaires. Est-ce une société de prostitution dont on n'aurait pas voulu divulguer les adhérents, parce qu'il y avait des personnages trop illustres qui s'y trouvaient impliqués?... Est-ce donc qu'on aurait révélé là ce qui n'était pas connu du public? On pourra se faire cette question... Voilà le danger des comités secrets.

Au fond, je dirai comme M. de Boissy : Ce qu'a dit M. le Rapporteur, non-seulement n'offre aucun danger au dehors, mais aurait présenté des avantages. Il n'y a pas un prédicateur qui n'en dise autant, en termes moins étudiés, moins érudits, mais plus vifs et plus poignants, en s'adressant à un auditoire dans lequel il cherche quelquefois plus ou moins à désigner ceux qui ont motivé les emportements, les saintes colères de la chaire. (Très bien! très bien!) C'est la publicité même qui fait alors le châtiment, l'exhortation ou l'exemple.

La religion, la morale, tout le monde condamne la prostitution; il n'y a qu'une voix là-dessus : mais l'Etat, quand il faut agir, ne peut s'attaquer qu'aux faits saisissables, aux faits publics, à ceux qui donnent matière à la répression; c'est ce qu'il a fait. — Il y a quarante ou cinquante ans, tous ceux qui, par leur âge, peuvent se reporter à ce souvenir, se rappelleront que la prostitution se promenait ouvertement dans les rues de Paris; le Palais-Royal n'était pas tenable; c'était une exhibition continuelle; les femmes honnêtes n'osaient même pas le traverser. Tout cela a disparu; la prostitution est rentrée dans les maisons. Voulez-vous qu'on y recherche les prostituées et qu'on les pourchasse jusque-là?... C'est plus difficile, et je ne dirai qu'un mot à ce sujet : c'est que dans les pays d'inquisition, où l'on entre partout, la prostitution est peut-être pire que dans ceux où il y a une tolérance dont saint Louis, législateur, s'était cru obligé de donner l'exemple.

Maintenant, qu'y a-t-il, au fond, dans cette pétition? L'opinion que nos lois sont insuffisantes, qu'apparemment les tribunaux sont négligents, ou que la police ne fait pas son devoir. Mais au mal de la prostitution ce serait ajouter d'autres maux également considérables. Déjà les lois ont défini tout ce qui pouvait se définir en pareille matière : les tribunaux, dans leur interprétation, ont toujours marqué une grande disposition à étendre plutôt qu'à restreindre le sens des lois, afin d'atteindre le plus possible les cas qui rentraient dans les outrages à la morale publique et qui pouvaient prendre le caractère de délit.

La police, je le pense, fait son devoir, et elle a fort à faire du haut en bas (hilarité), car on parle des basses classes, mais on ne parle pas assez des hautes, qui sont plus difficiles à atteindre et qui ne sont pas cependant les plus difficiles à apercevoir. (Très bien! très bien!)

On parle de courtisanes qui s'étalent dans les lieux publics. Oui, telle sera dans un équipage brillant, capable d'attirer les regards. Que fait la grande société? Elle regarde, elle prend modèle, et ce sont ces demoiselles qui donnent les modes, même aux dames du monde ; ce sont elles qu'on copie. Voilà l'exemple que donne la haute société. (*Plusieurs sénateurs :* C'est vrai ! c'est vrai !)

On vous a parlé de quelques photographies plus ou moins bien faites à cinq sols l'exemplaire. Allez dans vos théâtres : il y a telle pièce qui n'est qu'une exhibition vivante d'un bout à l'autre, offrant les types de deux cents photographies qui surpassent toutes celles dont vous vous plaignez. (Assentiment sur plusieurs bancs.)

Une autre cause de prostitution, — et ici je m'adresse encore plus aux hautes qu'aux basses classes, — parce l'exemple descend de haut en bas bien plus qu'il ne remonte de bas en haut. N'est-ce pas une cause évidente de prostitution que l'exagération du luxe, que l'excès des toilettes qui jettent tout le monde hors de ses voies? Les grandes situations même s'en effrayent ; et, à chaque hiver, à chaque saison, la révélation éclate sur des mémoires de modes que les fortunes les plus considérables suffisent à peine à éteindre, et qui tombent quelquefois en atermoiements et en liquidation. Cela descend dans les classes inférieures par imitation, par esprit d'égalité. Chacune veut avoir la même toilette que les autres. — La Fontaine, dans une de ses fables, se moque de la grenouille qui veut se faire aussi grosse qu'un bœuf ; mais avec les modes d'aujourd'hui la grenouille y parviendrait. (Hilarité générale. Très-bien ! très-bien !) Il suffirait à cette pécore d'ajuster autour de sa taille ces dimensions élastiques qui la feraient aussi grosse que le modèle auquel elle veut atteindre. (Nouvelle hilarité.)

Quand on va ou qu'on doit aller à une fête, qu'on veut y faire quelque figure et qu'on n'a pas de quoi, l'amour-propre l'emporte ; on répugne à le dire au mari : la caisse conjugale est vide ; on s'habille à crédit, on signe des billets, des lettres de change pour lesquelles on cherche des endosseurs, et dont l'échéance est toujours fatale à la vertu. (Très-bien ! très-bien !)

Tel est, Messieurs, l'état de notre société : c'est là ce qu'il faudrait corriger ; *Quid leges sine moribus vanæ ?...* Il s'est formé des sociétés de tempérance. Pour moi, je voudrais qu'il se fit une société de mères de famille, qui, sans cesser de se mettre et de se présenter avec décence et même avec le luxe qui convient à leur fortune et à leur état, donneraient l'exemple de retrancher impitoyablement le superflu et viendraient par là au soulagement des autres classes, qui, de proche en proche et par imitation, veulent toujours atteindre un sommet auquel il ne leur est pas donné de parvenir. (Très-bien ! très-bien !)

Voilà, Messieurs, les seules observations raisonnables, je crois, auxquelles la pétition peut donner lieu.

J'appuie l'ordre du jour proposé par M. de Boissy. (Marques générales d'approbation.)

Le Sénat a passé à l'ordre du jour.

Paris. Imp. Balitout, Questroy et Cⁱᵉ, 3. r. Neuve-des-Bons-Enfants.